AF188450

Impressum
Verlag: BABADADA GmbH, Nedderfeld 112 , 22529 Hamburg
Geschäftsführer / Verlagsleitung: Harald Hof
Druck: Books on Demand GmbH, In de Tarpen 42, 22848 Norderstedt

Imprint
Publisher: BABADADA GmbH, Nedderfeld 112 , 22529 Hamburg, Germany
Managing Director / Publishing direction: Harald Hof
Print: Books on Demand GmbH, In de Tarpen 42, 22848 Norderstedt, Germany

# Šola

## escola

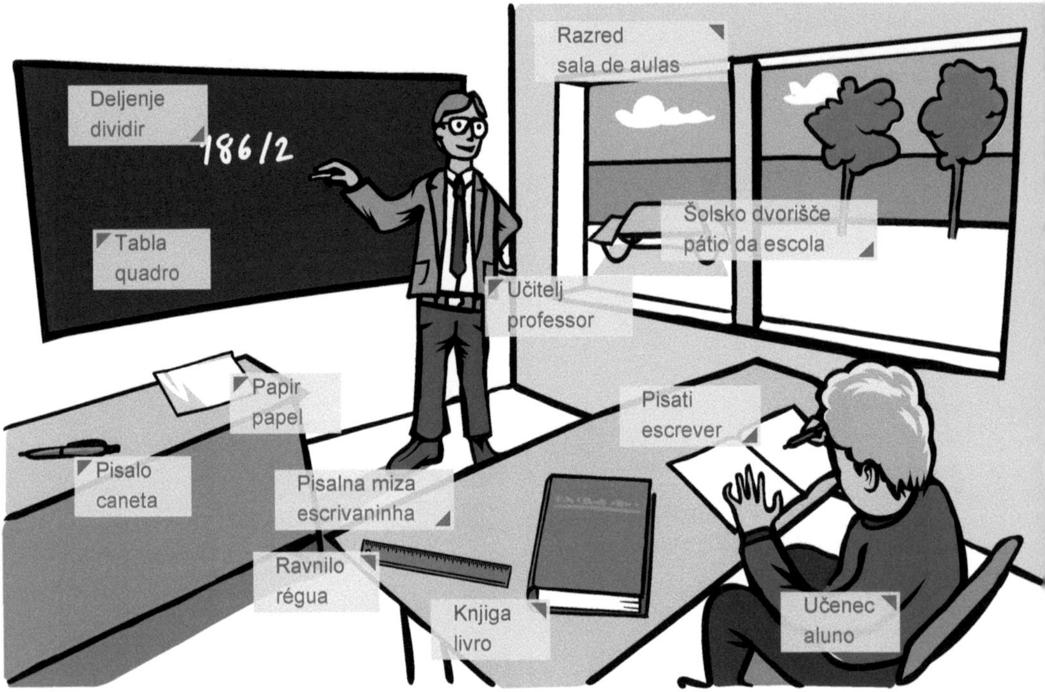
Razred
sala de aulas
Deljenje
dividir
186/2
Tabla
quadro
Šolsko dvorišče
pátio da escola
Učitelj
professor
Papir
papel
Pisati
escrever
Pisalo
caneta
Pisalna miza
escrivaninha
Ravnilo
régua
Knjiga
livro
Učenec
aluno

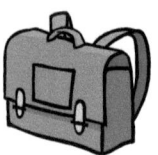

Šolska torba

sacola

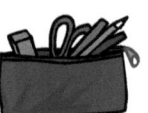

Peresnica

estojo de lápis

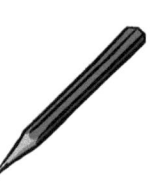

Svinčnik

lápis

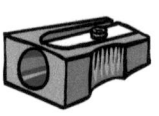

Šilček

apontador de lápis

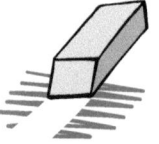

Radirka

borracha

Risalni blok

bloco de desenho

Risba

desenho

Čopič

pincel

Vodene barvice

estojo de tintas

Škarje

tesoura

Lepilo

cola

Zvezek

livro de exercícios

Domača naloga

lição de casa

**12**

Število

número

**2+2**

Seštevanje

somar

**5-2**

Odštevanje

subtrair

**2×2**

Množenje

multiplicar

Računanje

calcular

**A**

Črka

letra

**ABCDEFG HIJKLMN OPQRSTU VWXYZ**

Abeceda

alfabeto

**hello**

Beseda

palavra

Besedilo
..................
texto

Brati
..................
ler

Kreda
..................
giz

Učna ura
..................
hora

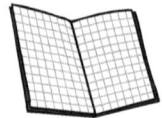

Redovalnica
..................
registro da classe

Preizkus znanja
..................
exame

Spričevalo
..................
certificado

Šolska uniforma
..................
uniforme escolar

Izobrazba
..................
educação

Enciklopedija
..................
enciclopédia

Univerza
..................
universidade

Mikroskop
..................
microscópio

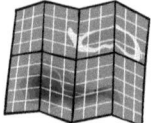

Zemljevid
..................
mapa

Koš za smeti
..................
cesto de lixo

Šola - escola

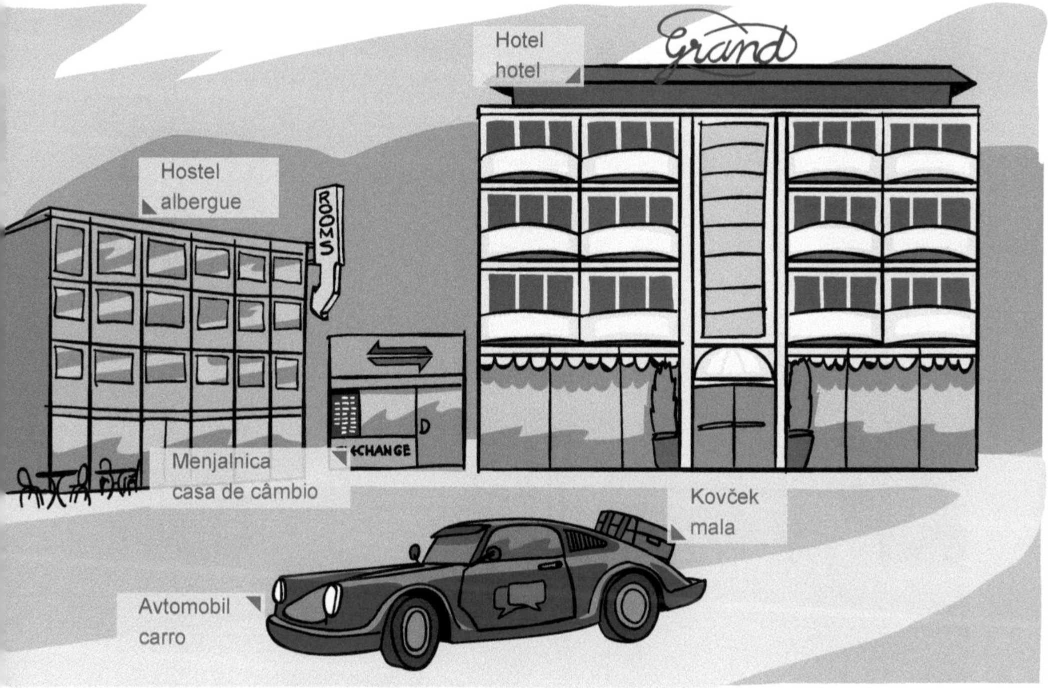

Hotel
hotel
Grand
Hostel
albergue
ROOMS
Menjalnica
casa de câmbio
EXCHANGE
Kovček
mala
Avtomobil
carro

Jezik

idioma

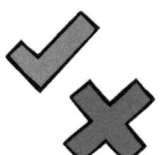

da / ne

sim / não

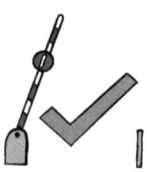

Prav

ok

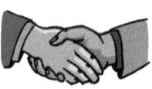

Pozdravljeni

Olá

Prevajalec

tradutor

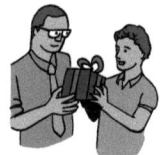

Hvala

obrigado

Koliko stane...?

quanto custa...?

Ne razumem

eu não entendo

Težava

problema

Dober večer!

boa noite!

Dobro jutro!

Bom dia!

Lahko noč!

Boa noite!

Nasvidenje

até logo

Smer

direção

Prtljaga

bagagem

Torba

bolsa

Nahrbtnik

mochila

Gost

convidado

Soba

quarto

Spalna vreča

saco de dormir

Šotor

barraca

Turistične informacije

informação turística

Plaža

praia

Kreditna kartica

cartão de crédito

Zajtrk

café da manhã

Kosilo

almoço

Večerja

jantar

Vozovnica

bilhete

Dvigalo

elevador

Znamka

selo

Meja

fronteira

Carina

alfândega

Veleposlaništvo

embaixada

Vizum

visto

Potni list

passaporte

# Prevoz
# transporte

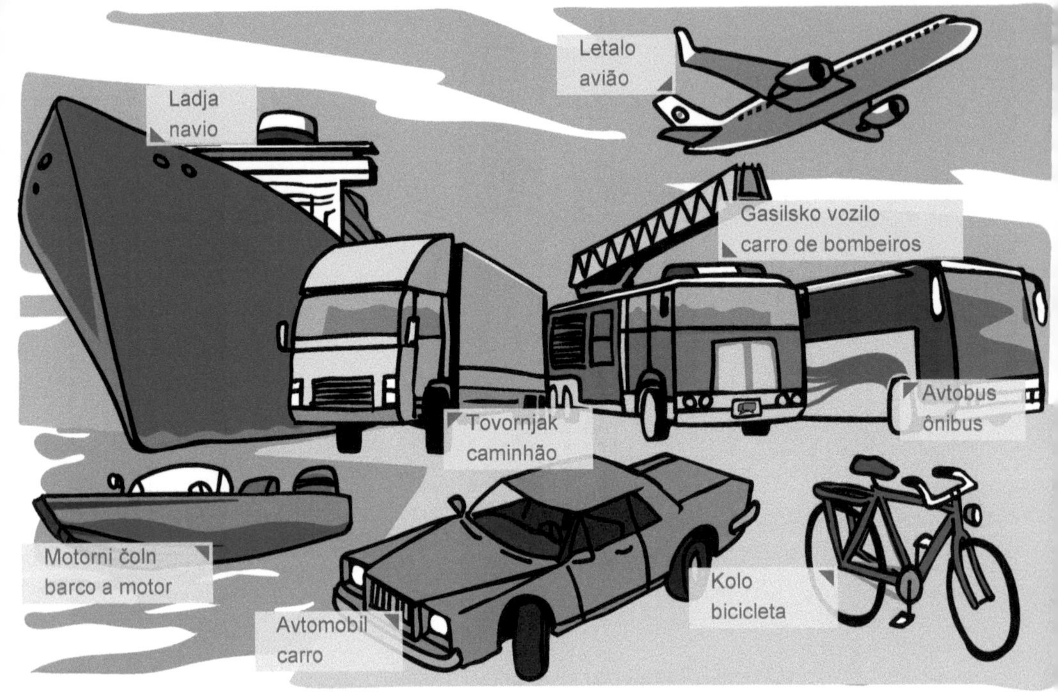
Letalo
avião
Ladja
navio
Gasilsko vozilo
carro de bombeiros
Avtobus
ônibus
Tovornjak
caminhão
Motorni čoln
barco a motor
Kolo
bicicleta
Avtomobil
carro

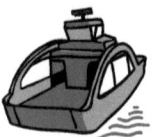

Trajekt
balsa

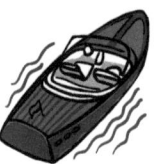

Čoln
barco

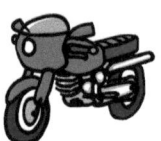

Motorno kolo
motocicleta

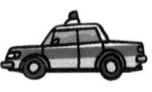

Policijski avto
veículo policial

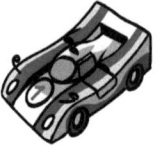

Dirkalni avto
carro de corrida

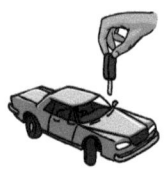

Najeto vozilo
carro de aluguel

Souporaba avtomobila

compartilhamento de automóvel

Avtovleka

caminhão de reboque

Smetarsko vozilo

caminhão de lixo

Motor

motor

Gorivo

combustível

Bencinska postaja

posto de gasolina

Prometni znak

placa de trânsito

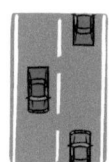

Promet

trânsito

Zastoj

trânsito lento

Parkirišče

estacionamento

Železniška postaja

estação de trem

Tirnice

trilhos

Vlak

trem

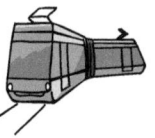

Tramvaj

bonde

Vagon

vagão

Helikopter

helicóptero

Letališče

aeroporto

Stolp

torre

Potnik

passageiro

Kontejner

contêiner

Karton

cartolina

Voziček

carroça

Košara

cesto

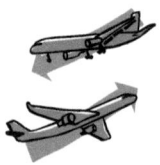

vzleteti / pristati

decolar / pousar

## Mesto
## cidade

Vas

vilarejo

Mestno jedro

centro da cidade

Hiša

casa

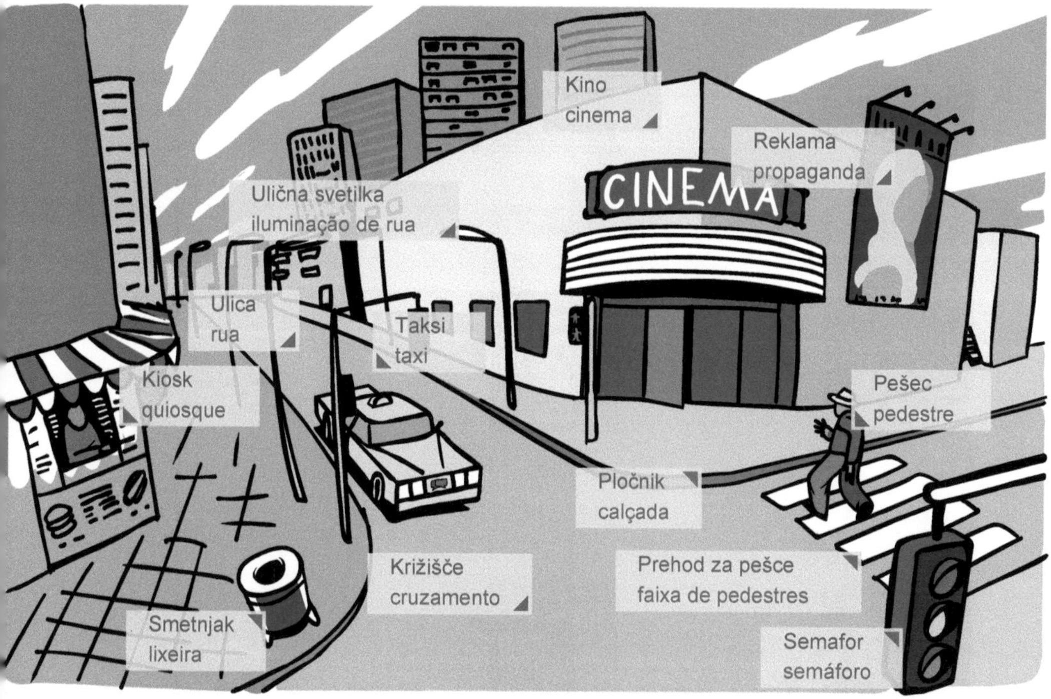

Kino
cinema

Reklama
propaganda

Ulična svetilka
iluminação de rua

CINEMA

Ulica
rua

Taksi
taxi

Kiosk
quiosque

Pešec
pedestre

Pločnik
calçada

Križišče
cruzamento

Prehod za pešce
faixa de pedestres

Smetnjak
lixeira

Semafor
semáforo

Koča

cabana

Stanovanje

apartamento

Železniška postaja

estação de trem

Mestna hiša

prefeitura

Muzej

museu

Šola

escola

Mesto - cidade

Univerza

universidade

Banka

banco

Bolnišnica

hospital

Hotel

hotel

Lekarna

farmácia

Pisarna

escritório

Knjigarna

livraria

Trgovina

loja

Cvetličarna

floricultura

Supermarket

supermercado

Tržnica

mercado

Veleblagovnica

loja de departamentos

Ribarnica

peixaria

Nakupovalno središče

centro comercial

Pristanišče

porto

Mesto - cidade

Park

parque

Klop

banco

Most

ponte

Stopnice

escadas

Podzemna železnica

metrô

Predor

túnel

Avtobusno postajališče

ponto de ônibus

Bar

bar

Restavracija

restaurante

Poštni nabiralnik

caixa de correspondência

Ulična tabla

placa de rua

Parkirna ura

parquímetro

Živalski vrt

zoológico

Kopališče

piscina

Mošeja

mesquita

**Kmetija**

fazenda

**Onesnaževanje**

poluição

**Pokopališče**

cemitério

**Cerkev**

igreja

**Otroško igrišče**

parquinho

**Tempelj**

templo

# Pokrajina
## paisagem

![Pokrajina - paisagem illustration with labels]

- List / folha
- Kažipot / placa de sinalização
- Pot / caminho
- Travnik / gramado
- Kamen / pedra
- Drevo / árvore
- Pohodnik / caminhantes
- Reka / rio
- Trava / grama
- Cvetlica / flor

Dolina

vale

Hrib

montanha

Jezero

lago

Gozd

floresta

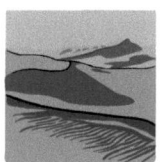

Puščava

deserto

Vulkan

vulcão

Grad

castelo

Mavrica

arco-íris

Goba

cogumelo

Palma

palmeira

Komar

mosquito

Muha

mosca

Mravlja

formiga

Čebela

abelha

Pajek

aranha

Hrošč

besouro

Žaba

sapo

Veverica

esquilo

Jež

ouriço

Zajec

lebre

Sova

coruja

Ptič

pássaro

Labod

cisne

Divji prašič

javali

Jelen

veado

Los

alce

Jez

barragem

Vetrnica

aerogerador

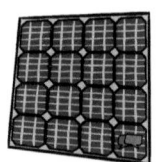

Solarna plošča

painel solar

Podnebje

clima

16                    Pokrajina - paisagem

# Restavracija
## restaurante

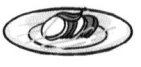

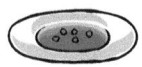

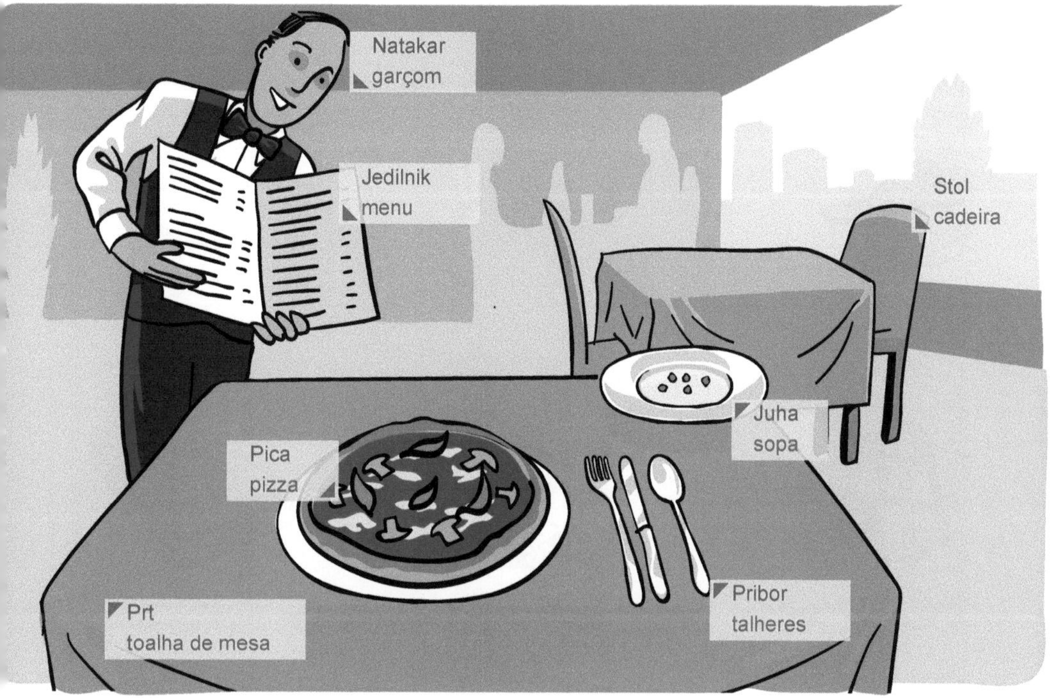

Natakar
garçom
Jedilnik
menu
Stol
cadeira
Juha
sopa
Pica
pizza
Pribor
talheres
Prt
toalha de mesa


Predjed

entrada

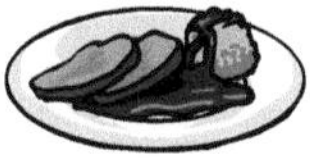

Glavna jed

prato principal

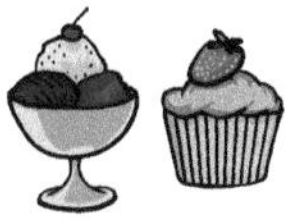

Sladica

sobremesa

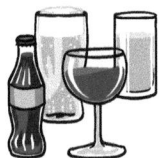

Pijače

bebidas

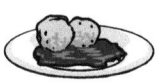

Hrana

comida

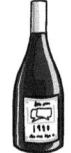

Steklenica

garrafa

Hitra hrana

fastfood

Ulična hrana

comida de rua

Čajnik

bule de chá

Sladkornica

açucareiro

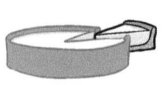

Porcija

porção

Aparat za espresso

máquina de expresso

Stolček za hranjenje

cadeirão

Račun

conta

Pladenj

bandeja

Nož

faca

Vilica

garfo

Žlica

colher

Čajna žlička

colher de chá

Servieta

guardanapo

Kozarec

copo

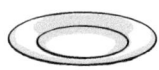

**Krožnik**

prato

**Globoki krožnik**

prato de sopa

**Krožniček**

pires

**Omaka**

molho

**Solnica**

saleiro

**Mlinček za poper**

moedor de pimenta

**Kis**

vinagre

**Olje**

óleo

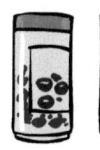

**Začimbe**

especiarias

**Kečap**

ketchup

**Gorčica**

mostarda

**Majoneza**

maionese

# Supermarket
# supermercado

Posebna ponudba
oferta especial
FOR
Stranka
cliente
Mlečni izdelki
laticínios
Sadje
frutas
Nakupovalni voziček
carrinho de compras

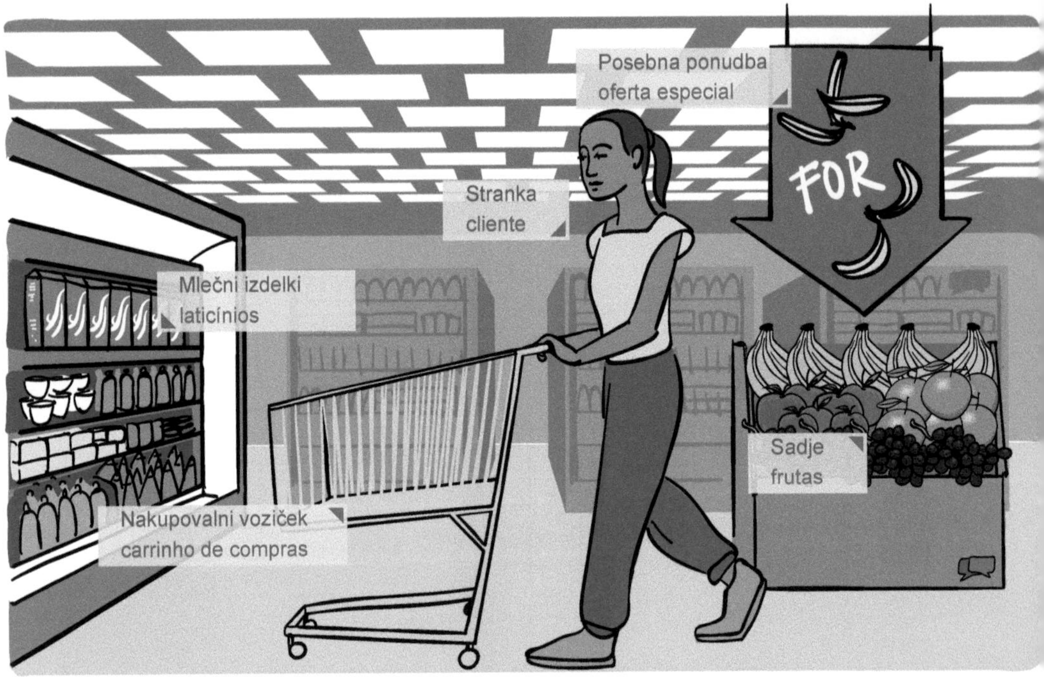

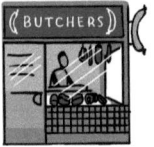

BUTCHERS

Mesnica
açougue

BAKERY

Pekarna
padaria

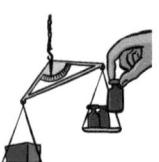

Tehtati
pesar

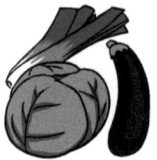

Zelenjava
legumes

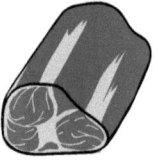

Meso
carne

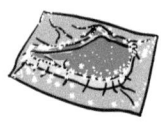

Zamrznjena hrana
congelados

Hladne mesnine
charcutaria

Konzerve
conservas

Pralni prašek
detergente em pó

Sladkarije
doces

Gospodinjski izdelki
artigos domésticos

Čistilno sredstvo
produtos de limpeza

Prodajalka
vendedora

Blagajna
caixa

Blagajnik
caixa

Nakupovalni seznam
lista de compras

Delovni čas
horário de funcionamento

Denarnica
carteira

Kreditna kartica
cartão de crédito

Torba
sacola

Plastična vrečka
saco plástico

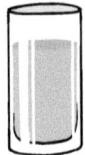

Voda

água

Sok

suco

Mleko

leite

Kola

coca-cola

Vino

vinho

Pivo

cerveja

Alkohol

álcool

Kakav

cacau

Čaj

chá

Kava

café

Espresso

expresso

Kapučino

cappuccino

Banana

banana

Jabolko

maçã

Pomaranča

laranja

Lubenica

melão

Limona

limão

Korenje

cenoura

Česen

alho

Bambus

bambu

Čebula

cebola

Goba

cogumelo

Oreščki

nozes

Rezanci

macarrão

Špageti

espaguete

Riž

arroz

Solata

salada

Ocvrt krompirček

batatas fritas

Pečen krompir

batatas frias

Pica

pizza

Hamburger

hambúrger

Sendvič

sanduíche

Zrezek

escalope

Šunka

presunto

Salama

salame

Klobasa

salsicha

Piščanec

galinha

Pečenka

assado

Riba

peixe

Ovseni kosmiči

flocos de aveia

Musli

granola

Koruzni kosmiči

flocos de milho

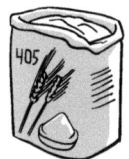

Moka

farinha

Rogljiček

croissant

Žemlja

pãozinho

Kruh

pão

Prepečenec

torrada

Piškoti

biscoitos

Maslo

manteiga

Skuta

requeijão

Torta

bolo

Jajce

ovo

Pečeno jajce na oko

ovo frito

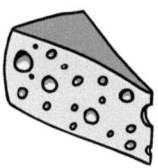

Sir

queijo

Sladoled

sorvete

Sladkor

açúcar

Med

mel

Marmelada

geleia

Čokoladni namaz

creme de avelãs

Kari

curry

# Kmetija
# fazenda

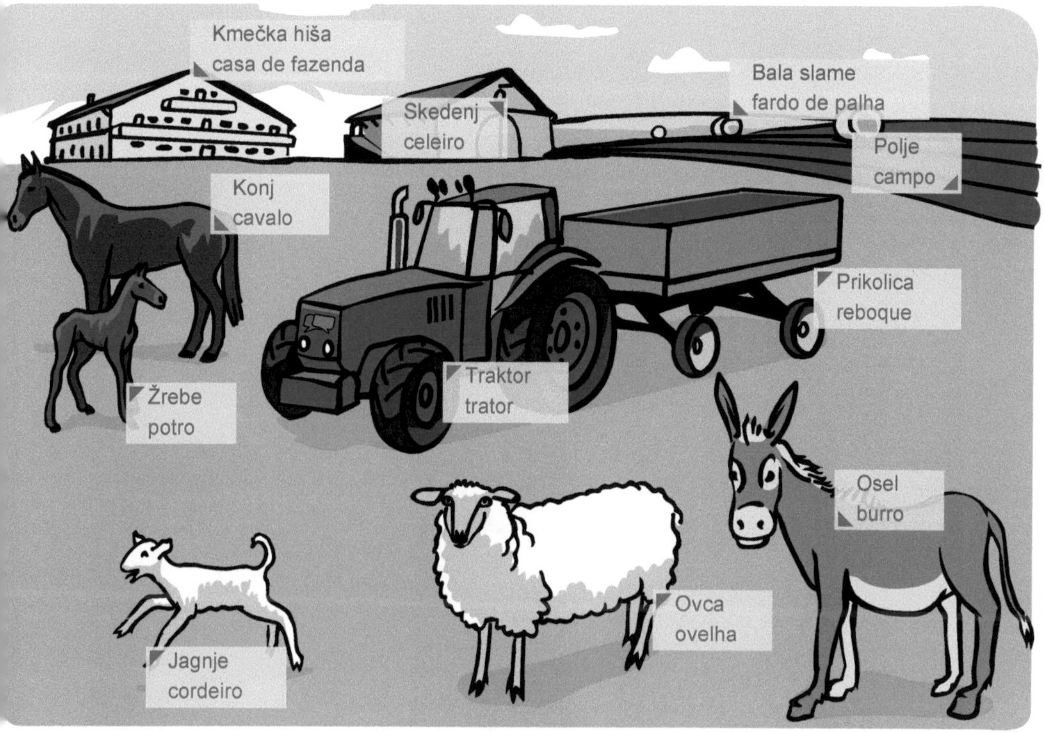
Kmečka hiša
casa de fazenda
Skedenj
celeiro
Bala slame
fardo de palha
Polje
campo
Konj
cavalo
Prikolica
reboque
Traktor
trator
Žrebe
potro
Osel
burro
Ovca
ovelha
Jagnje
cordeiro

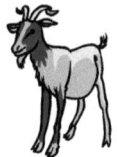

Koza
cabra

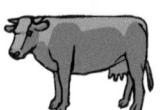

Krava
vaca

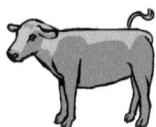

Tele
bezerro

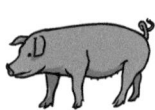

Prašič
porco

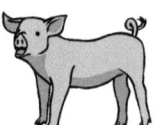

Pujsek
leitão

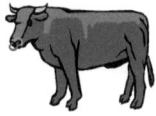

Bik
touro

Gos

ganso

Raca

pato

Piščanec

pintinho

Kokoš

galinha

Petelin

galo

Podgana

ratazana

Mačka

gato

Miš

camundongo

Vol

boi

Pes

cachorro

Pasja uta

casinha do cachorro

Cev za zalivanje

mangueira de jardim

Kangla za zalivanje

regador

Kosa

foice

Plug

arado

**Srp**

foice

**Motika**

enxada

**Vile**

forquilha

**Sekira**

machado

**Samokolnica**

carrinho de mão

**Korito**

manjedoura

**Kangla za mleko**

jarra de leite

**Vreča**

saco

**Ograja**

cerca

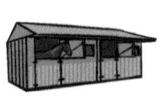

**Hlev**

estábulo

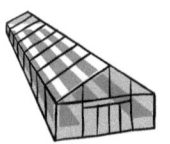

**Rastlinjak**

estufa

**Prst**

solo

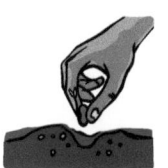

**Seme**

semente

**Gnojilo**

fertilizante

**Kombajn**

colheitadeira

Žeti

colher

Žetev

colheita

Jam

inhame

Pšenica

trigo

Soja

soja

Krompir

batata

Koruza

milho

Oljna ogrščica

colza

Sadno drevo

árvore frutífera

Maniok

mandioca

Žito

cereais

# Hiša
## casa

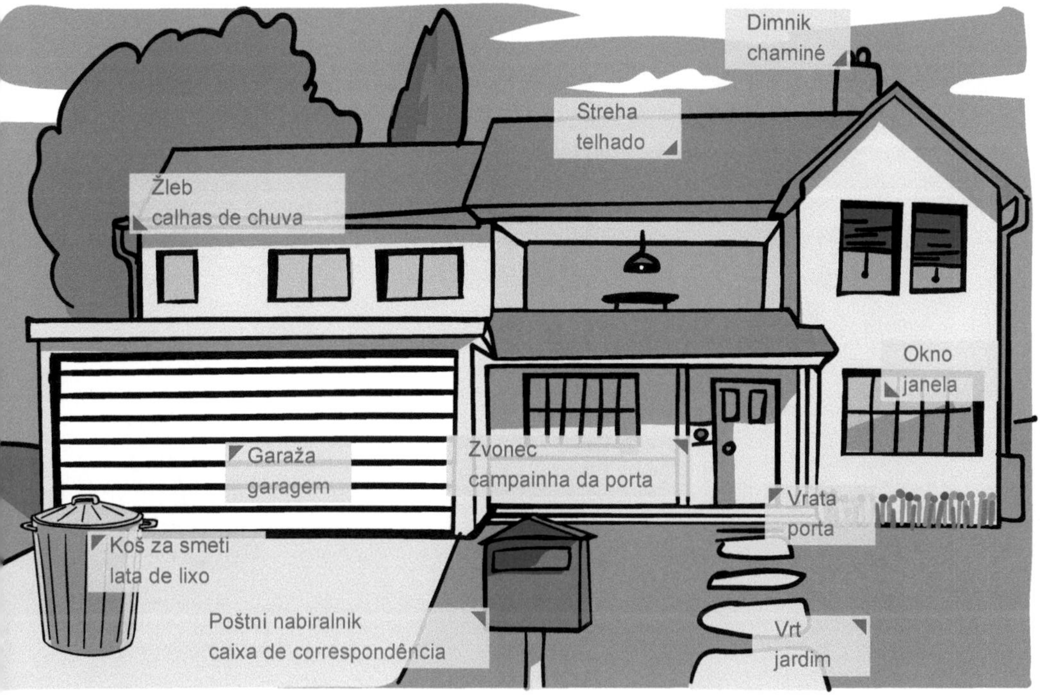
Dimnik
chaminé
Streha
telhado
Žleb
calhas de chuva
Okno
janela
Garaža
garagem
Zvonec
campainha da porta
Vrata
porta
Koš za smeti
lata de lixo
Poštni nabiralnik
caixa de correspondência
Vrt
jardim

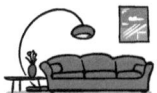

Dnevna soba
sala de estar

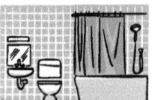

Kopalnica
banheiro

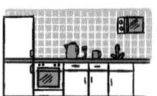

Kuhinja
cozinha

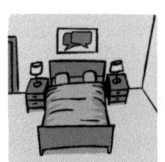

Spalnica
quarto de dormir

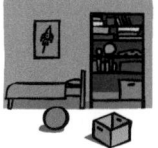

Otroška soba
quarto de criança

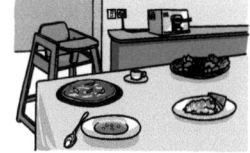

Jedilnica
sala de jantar

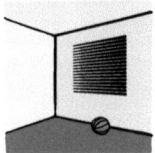

Tla

chão

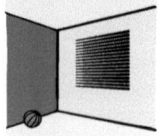

Stena

parede

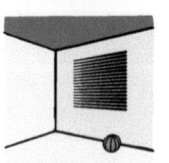

Strop

teto

Klet

porão

Savna

sauna

Balkon

varanda

Terasa

terraço

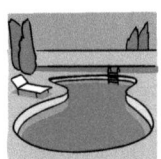

Bazen

piscina

Kosilnica

cortador de grama

Rjuha

lençol

Posteljno pregrinjalo

coberta

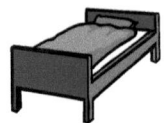

Postelja

cama

Metla

vassoura

Vedro

balde

Stikalo

interruptor

# Dnevna soba
## sala de estar

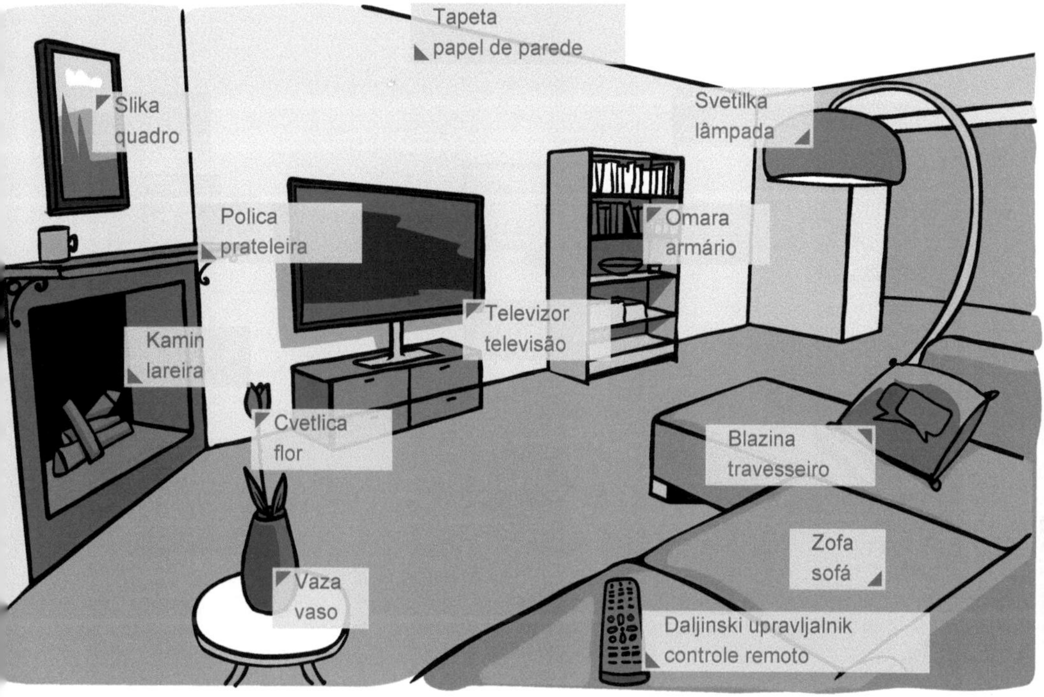
Tapeta
papel de parede
Slika
quadro
Svetilka
lâmpada
Polica
prateleira
Omara
armário
Televizor
televisão
Kamin
lareira
Cvetlica
flor
Blazina
travesseiro
Zofa
sofá
Vaza
vaso
Daljinski upravljalnik
controle remoto

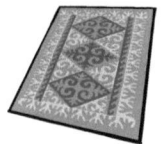

Preproga

tapete

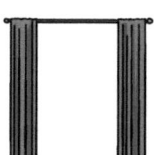

Zavesa

cortina

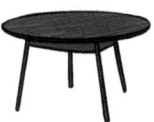

Miza

mesa

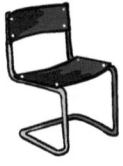

Stol

cadeira

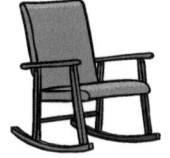

Gugalnik

cadeira de balanço

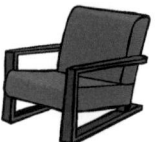

Naslanjač

poltrona

| | | |
|---|---|---|
|  |  |  |
| **Knjiga** | **Odeja** | **Dekoracija** |
| livro | cobertor | decoração |
|  |  |  |
| **Drva** | **Film** | **Glasbeni stolp** |
| lenha | filme | equipamento de som |
|  |  |  |
| **Ključ** | **Časopis** | **Slika** |
| chave | jornal | pintura |
|  |  |  |
| **Plakat** | **Radio** | **Beležka** |
| pôster | rádio | bloco de notas |
|  |  |  |
| **Sesalnik** | **Kaktus** | **Sveča** |
| aspirador | cacto | vela |

# Kuhinja
# cozinha

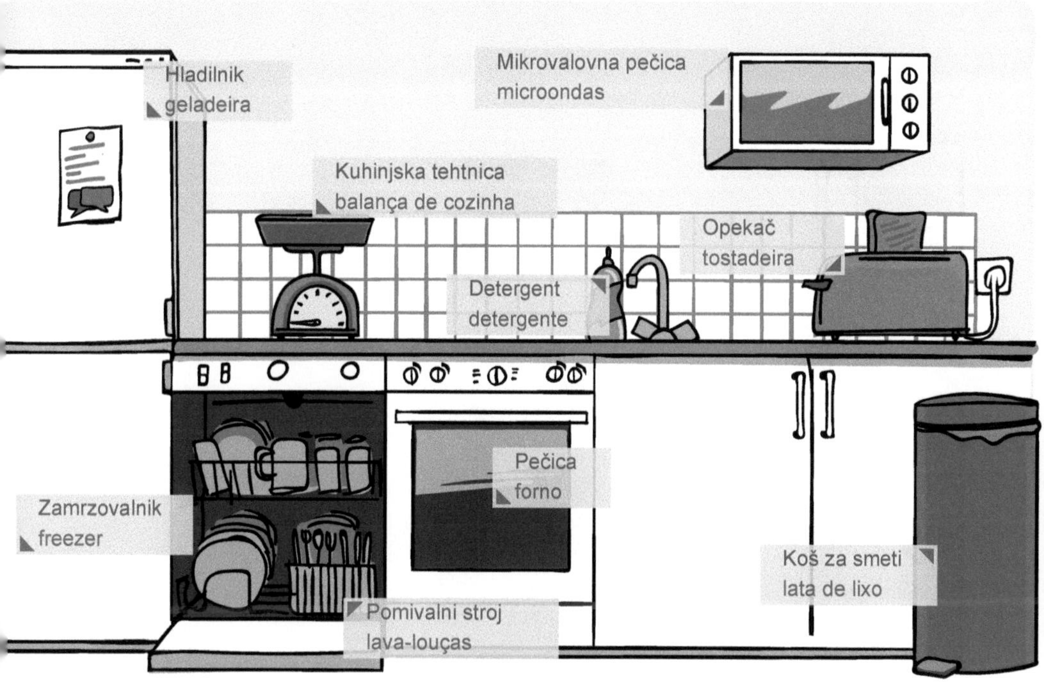

Hladilnik
geladeira
Mikrovalovna pečica
microondas
Kuhinjska tehtnica
balança de cozinha
Opekač
tostadeira
Detergent
detergente
Pečica
forno
Zamrzovalnik
freezer
Koš za smeti
lata de lixo
Pomivalni stroj
lava-louças


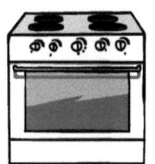

Kozica

fogão

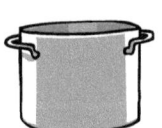

Lonec

panela

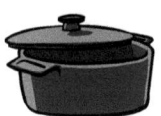

Litoželezni lonec

panela de ferro

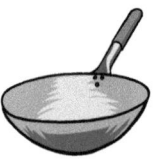

Vok / kadai

wok / kadai

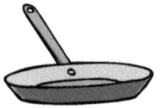

Ponev

frigideira

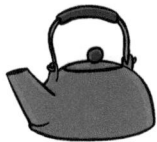

Kotliček

chaleira

Parni kuhalnik

panela a vapor

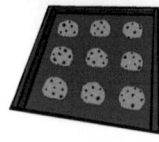

Pekač

tabuleiro de forno

Posoda

louça

Skodelica

caneca

Skleda

caçarola

Jedilne paličice

hashi

Zajemalka

concha de sopa

Lopatica

espátula

Metlica

batedor

Cedilnik

escorredor

Cedilo

peneira

Strgalo

ralador

Možnar

almofariz

Žar

churrasqueira

Ognjišče

lareira

Deska za rezanje

tábua de cortar

Valjar

rolo da massa

Odpirač za steklenice

saca-rolhas

Pločevinka

lata

Odpirač za konzerve

abridor de latas

Prijemalka za posodo

pegador de panela

Korito

pia

Ščetka

escova

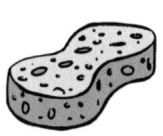

Goba

esponja

Mešalnik

liquidificador

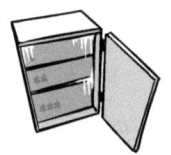

Zamrzovalna skrinja

congelador

Steklenička

mamadeira

Pipa

torneira

# Kopalnica
## banheiro

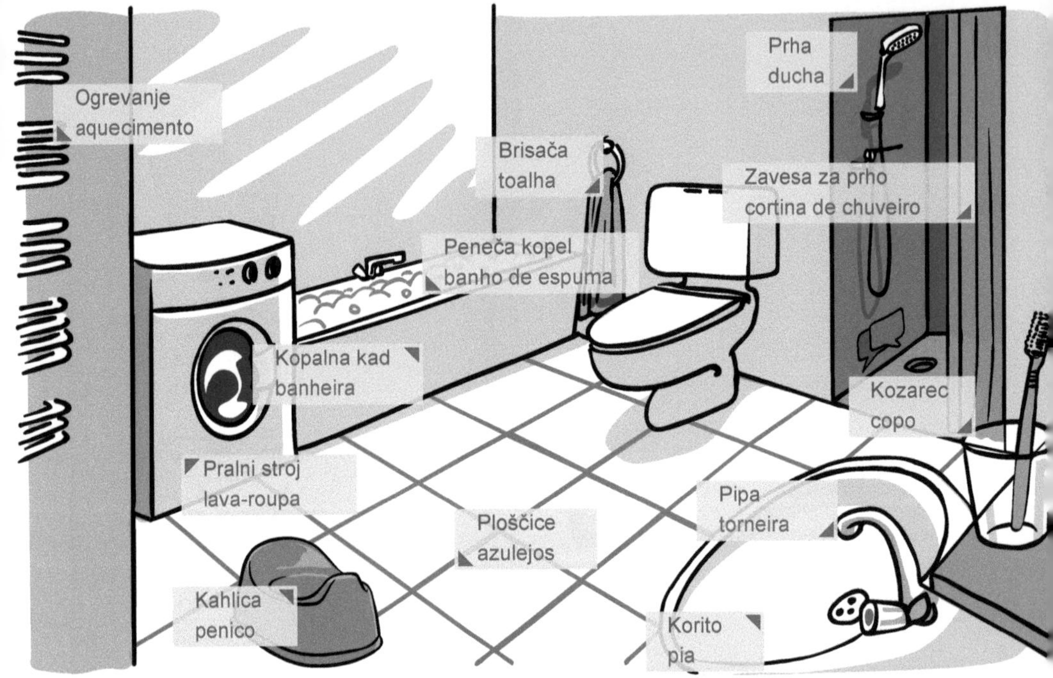
Ogrevanje
aquecimento
Brisača
toalha
Prha
ducha
Zavesa za prho
cortina de chuveiro
Peneča kopel
banho de espuma
Kopalna kad
banheira
Kozarec
copo
Pralni stroj
lava-roupa
Pipa
torneira
Ploščice
azulejos
Kahlica
penico
Korito
pia

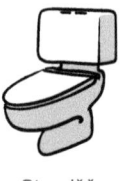

Stranišče

vaso sanitário

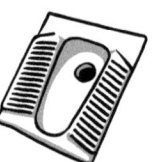

Stranišče na počep

lavabo de agachar

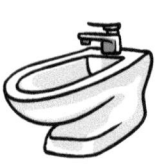

Bide

bidê

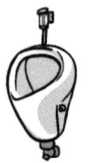

Pisoar

mictório

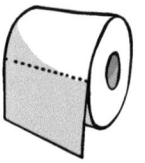

Toaletni papir

papel higiênico

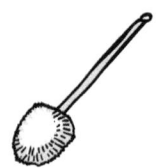

Ščetka za straniščno školjko

escova de privada

**Zobna ščetka**

escova de dentes

**Zobna pasta**

pasta de dentes

**Zobna nitka**

fio dental

**Umiti se**

lavar

**Ročna prha**

ducha de mão

**Prha za intimne dele**

ducha íntima

**Umivalnik**

bacia

**Krtača za hrbet**

escova para as costas

**Milo**

sabonete

**Gel za prhanje**

gel de banho

**Šampon**

xampu

**Krpica za miljenje**

toalha de rosto

**Odtok**

escoamento

**Krema**

creme

**Deodorant**

desodorante

Kopalnica - banheiro

Ogledalo

espelho

Ročno ogledalo

espelho de mão

Britvica

barbeador

Pena za britje

espuma de barbear

Vodica po britju

loção pós-barba

Glavnik

pente

Ščetka

escova

Sušilnik za lase

secador de cabelo

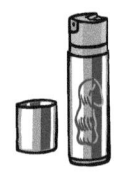

Lak za lase

spray de cabelo

Ličila

maquiagem

Šminka

batom

Lak za nohte

esmalte de unhas

Vatirane blazinice

algodão

Škarjice za nohte

tesoura para unhas

Parfum

perfume

Toaletna torbica

nécessaire

Stol brez naslonjala

banquinho

Osebna tehtnica

balança

Kopalni plašč

roupão de banho

Gumijaste rokavice

luvas de borracha

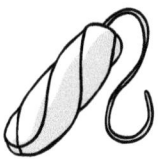

Tampon

absorvente interno

Damski vložki

absorvente íntimo

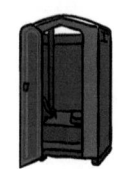

Kemično stranišče

banheiro químico

# Otroška soba
## quarto de criança

Budilka
despertador
Plišasta igrača
boneco de pelúcia
Avtomobilček
carrinho de brinquedo
Ropotuljica
chacoalho
Hiška za punčke
casa de bonecas
Darilo
presente


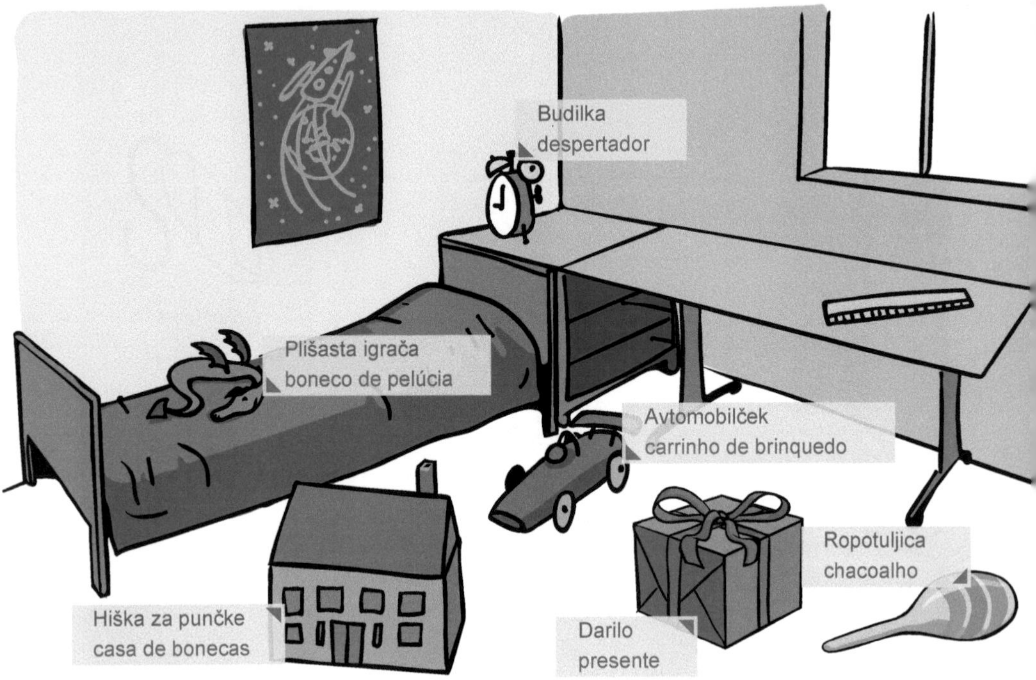

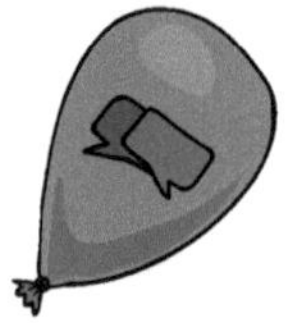

Balon

balão

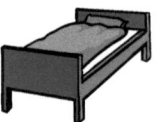

Postelja

cama

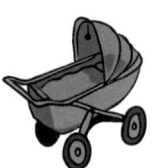

Otroški voziček

carrinho de bebê

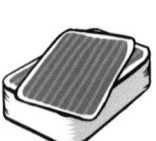

Igralne karte

jogo de cartas

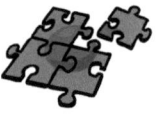

Sestavljanka

quebra-cabeças

SUPER
MEGA


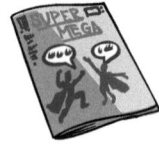

Strip

revista de quadrinhos

Lego kocke

peças de Lego

Igralne kocke

blocos de construção

Akcijska figura

figura de ação

Bodi

macaquinho de bebê

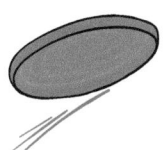

Frizbi

frisbee

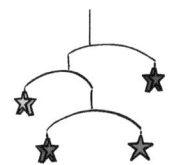

Vrtiljak za posteljico

móbile para bebé

Namizna igra

jogo de tabuleiro

Kocka

dados

Komplet modelov vlakov

trenzinho elétrico

Duda

chupeta

Zabava

festa

Slikanica

livro ilustrado

Žoga

bola

Lutka

boneca

Igrati se

brincar

Peskovnik

caixa de areia

Gugalnica

balanço

Igrače

brinquedos

Igralna konzola

videogame

Tricikel

triciclo

Plišasti medvedek

ursinho de pelúcia

Garderoba

guarda-roupa

# Oblačilo
## vestuário

Nogavice

meias

Samostoječe nogavice

meias pelo joelho

Hlačne nogavice

meias-calças

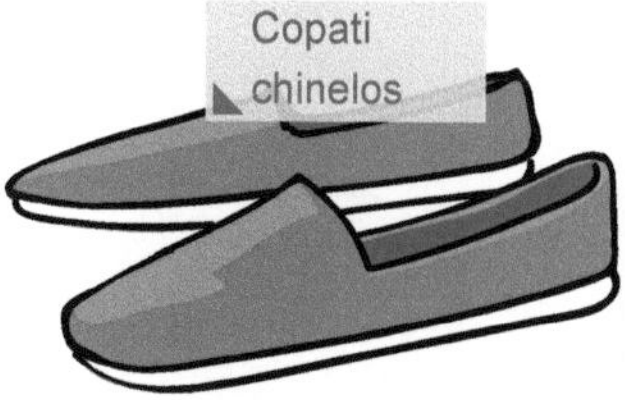

Šal
cachecol

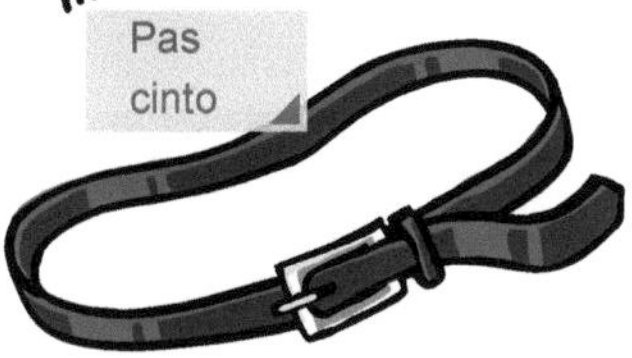

Dežnik
guarda-chuva

Pas
cinto

Majica s kratkimi rokavi
camiseta

Škornji
botas

Copati
chinelos

Športni copati
tênis

Sandali
sandálias

Čevlji
sapatos

Gumijasti škornji
botas de borracha

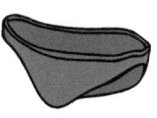

Spodnje hlače
roupa de baixo

Modrček
sutiã

Telovnik
camiseta de baixo

**Bodi**

body

**Hlače**

calças

**Kavbojke**

jeans

**Krilo**

saia

**Bluza**

blusa

**Srajca**

camisa

**Pulover**

pulôver

**Pletena jopica**

suéter com capuz

**Jopa**

blazer

**Jakna**

jaqueta

**Plašč**

casaco

**Dežni plašč**

gabardine

**Kostim**

traje

**Obleka**

vestido

**Poročna obleka**

vestido de casamento

Oblačilo - vestuário

Obleka

terno

Spalna srajca

camisola

Pižama

pijama

Sari

sari

Naglavna ruta

lenço de cabeça

Turban

turbante

Burka

burca

Kaftan

cafetã

Abaja

abaya

Kopalke

maiô

Kopalne hlače

sunga

Kratke hlače

shorts

Trenirka

roupa de treino

Predpasnik

avental

Rokavice

luvas

Gumb

botão

Očala

óculos

Zapestnica

pulseira

Verižica

colar

Prstan

anel

Uhan

brinco

Kapa

boné

Obešalnik

cabide

Klobuk

chapéu

Kravata

gravata

Zadrga

zíper

Čelada

capacete

Naramnice

suspensórios

Šolska uniforma

uniforme escolar

Uniforma

uniforme

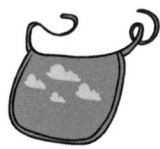

Slinček

babador

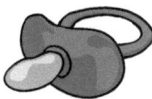

Duda

chupeta

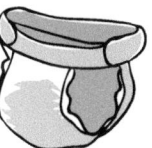

Plenica

fralda

# Pisarna
## escritório

Strežnik
servidor
Kartotečna omara
armário de arquivos
Tiskalnik
impressora
Papir
papel
Monitor
monitor
Miška
mouse
Pisalna miza
escrivaninha
Mapa
pasta
Tipkovnica
teclado
Koš za smeti
cesto de lixo
Računalnik
computador
Stol
cadeira

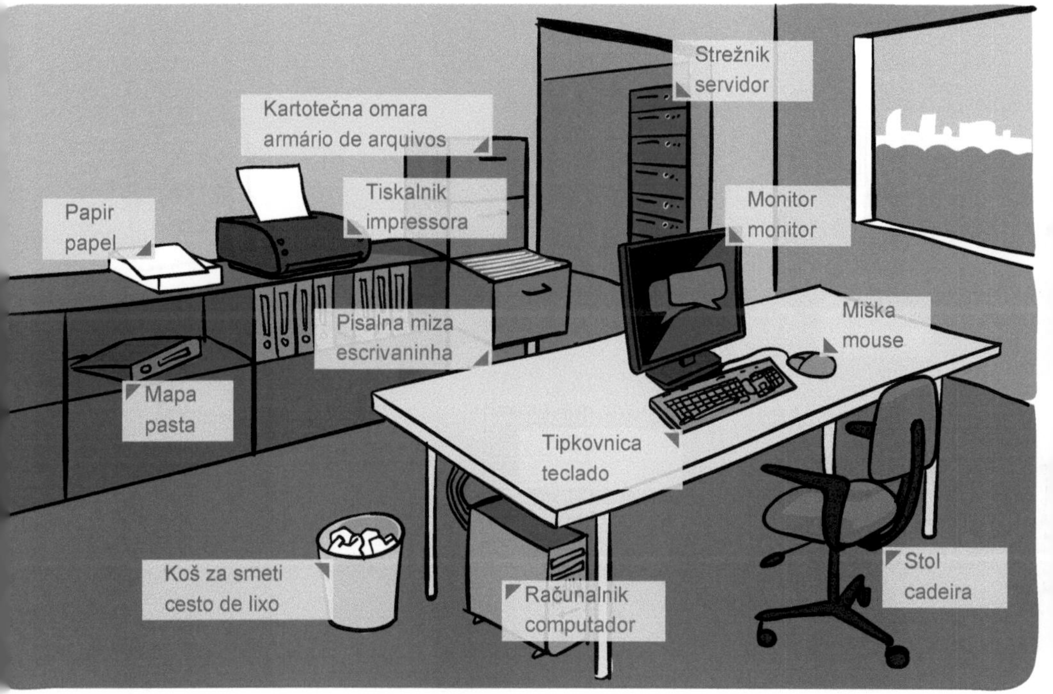

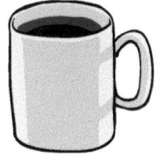

Lonček za kavo

xícara de café

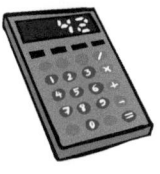

Kalkulator

calculadora

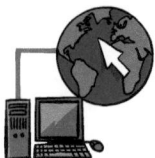

Internet

internet

Prenosnik

laptop

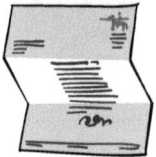

Pismo

carta

Sporočilo

mensagem

Mobilnik

celular

Omrežje

rede

Kopirni stroj

copiadora

Programska oprema

software

Telefon

telefone

Vtičnica

tomada

Telefaks

fax

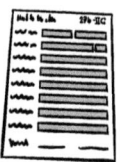

Obrazec

formulário

Dokument

documento

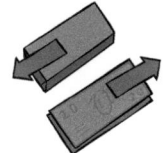

Kupiti
comprar

Plačati
pagar

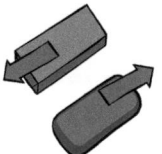

Trgovati
negociar

Denar
dinheiro

Dolar
Dólar

Evro
Euro

Jen
Yen

Rubelj
rublo

Švičarski frank
franco suíço

Kitajski juan renminbi
renminbi yuan

Rupija
rupia

Bankomat
caixa eletrônico

Menjalnica

casa de câmbio

Zlato

ouro

Srebro

prata

Nafta

petróleo

Energija

energia

Cena

preço

Pogodba

contrato

Davek

imposto

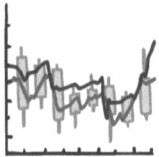

Delnice

ação

Delati

trabalhar

Delojemalec

empregado

Delodajalec

empregador

Tovarna

fábrica

Trgovina

loja

Policist
policial

Gasilec
bombeiro

Kuhar
cozinheiro

Zdravnik
médico

Pilot
piloto

Vrtnar

jardineiro

Mizar

marceneiro

Šivilja

costureira

Sodnik

juiz

Kemik

químico

Igralec

ator

Voznik avtobusa

motorista de ônibus

Taksist

motorista de táxi

Ribič

pescador

Čistilka

faxineira

Krovec

telhador

Natakar

garçom

Lovec

caçador

Pleskar

pintor

Pek

padeiro

Električar

eletricista

Gradbenik

construtor

Inženir

engenheiro

Mesar

açougueiro

Vodovodni inštalater

encanador

Poštar

carteiro

Vojak

soldado

Arhitekt

arquiteto

Blagajnik

caixa

Cvetličar

florista

Frizer

cabelereiro

Sprevodnik

condutor

Mehanik

mecânico

Kapitan

capitão

Zobozdravnik

dentista

Znanstvenik

cientista

Rabin

rabino

Imam

imam

Menih

monge

Duhovnik

pastor

# Orodje
## ferramentas

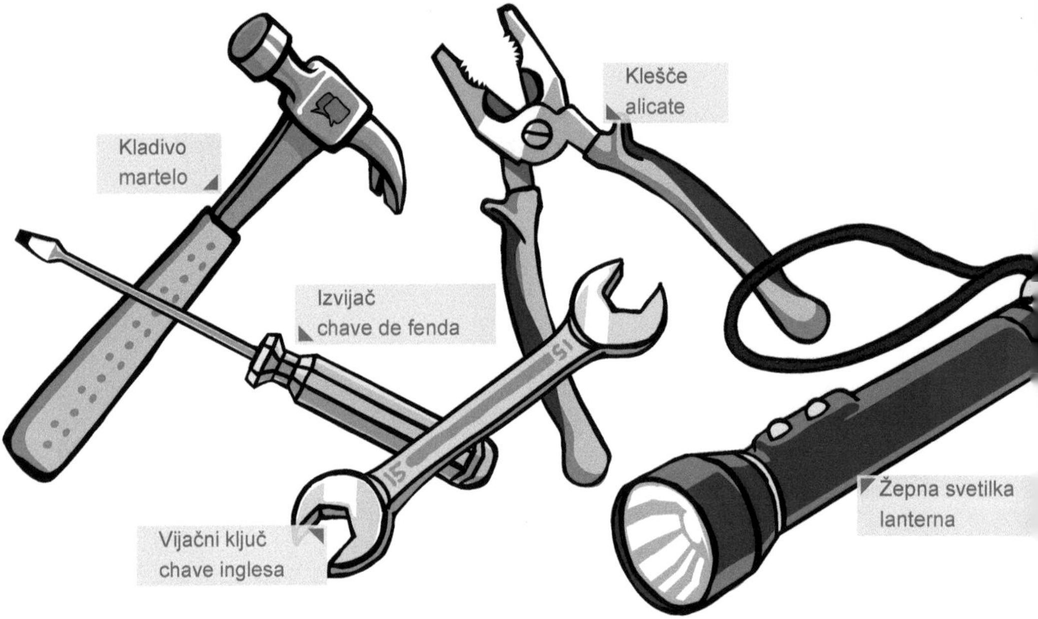

Kladivo
martelo
Klešče
alicate
Izvijač
chave de fenda
Vijačni ključ
chave inglesa
Žepna svetilka
lanterna


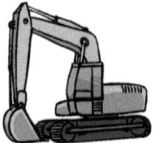

Bager

escavadora

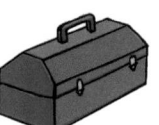

Zaboj z orodjem

caixa de ferramentas

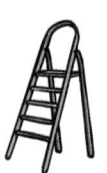

Lestev

escada de mão

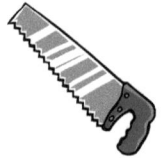

Žaga

serra

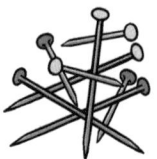

Žeblji

pregos

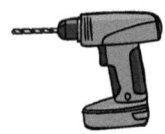

Vrtalnik

furadeira

Popraviti

consertar

Lopata

pá

Šment!

Droga!

Smetišnica

pá de lixo

Posoda z barvo

pote de tinta

Vijaki

parafusos

# Glasbeni instrument

## instrumentos musicais

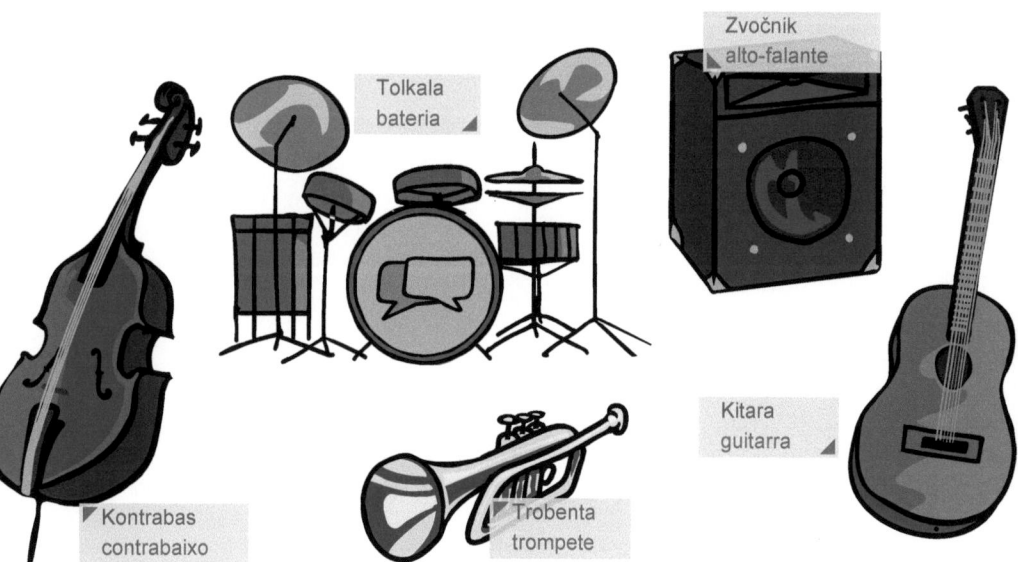

Tolkala
bateria

Zvočnik
alto-falante

Kitara
guitarra

Kontrabas
contrabaixo

Trobenta
trompete

Klavir

piano

Violina

violino

Bas kitara

baixo

Pavke

timbales

Bobni

tambor

Sintetizator

teclado

Saksofon

saxofone

Flavta

flauta

Mikrofon

microfone

# Živalski vrt

## zoológico

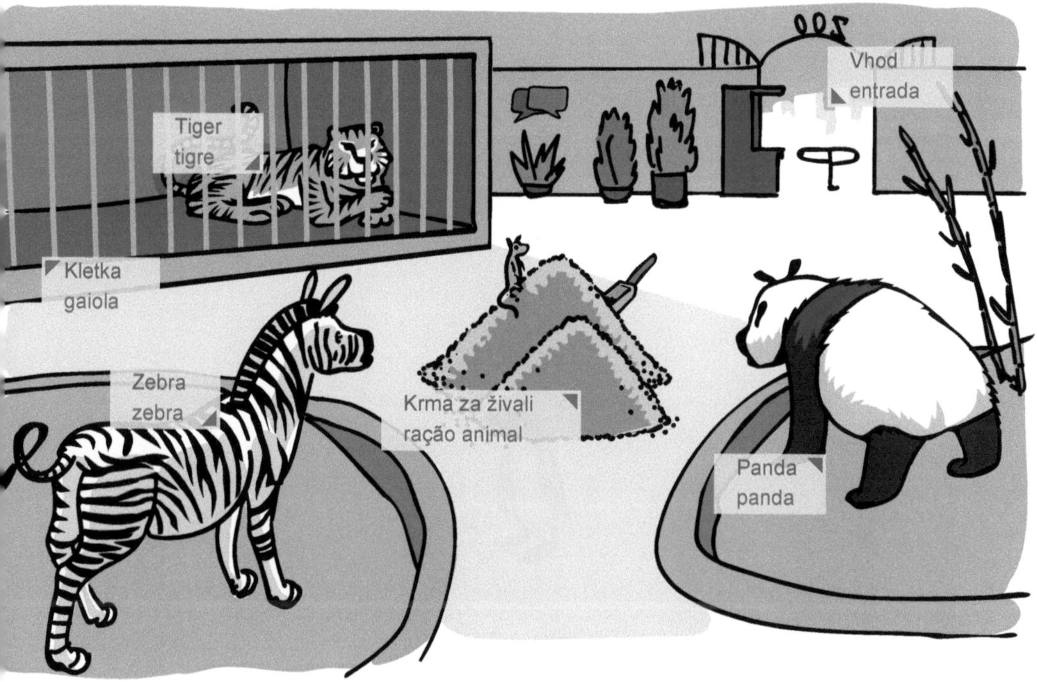

Vhod
entrada
Tiger
tigre
Kletka
gaiola
Zebra
zebra
Krma za živali
ração animal
Panda
panda


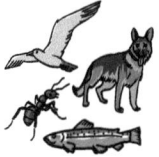

Živali

animais

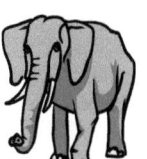

Slon

elefante

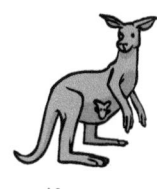

Kenguru

canguru

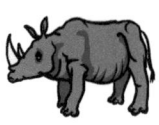

Nosorog

rinoceronte

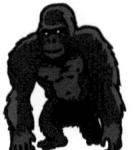

Gorila

gorila

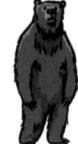

Medved

urso

Kamela

camelo

Noj

avestruz

Lev

leão

Opica

macaco

Plamenec

flamingo

Papagaj

papagaio

Severni medved

urso polar

Pingvin

pinguim

Morski pes

tubarão

Pav

pavão

Kača

cobra

Krokodil

crocodilo

Oskrbnik v živalskem vrtu

guarda do zoológico

Tjulenj

foca

Jaguar

jaguar

Živalski vrt - zoológico

Poni

pônei

Leopard

leopardo

Povodni konj

hipopótamo

Žirafa

girafa

Orel

águia

Divji prašič

javali

Riba

peixe

Želva

tartaruga

Mrož

morsa

Lisica

raposa

Gazela

gazela

Ameriški nogomet
futebol americano

Kolesarjenje
ciclismo

Tenis
tênis

Košarka
basquete

Plavanje
natação

Boks
boxe

Hokej
hóquei no gelo

Nogomet
futebol

Badminton
badminton

Atletika
atletismo

Rokomet
handebol

Smučanje
esqui

Polo
polo

# Dejavnosti
## atividades

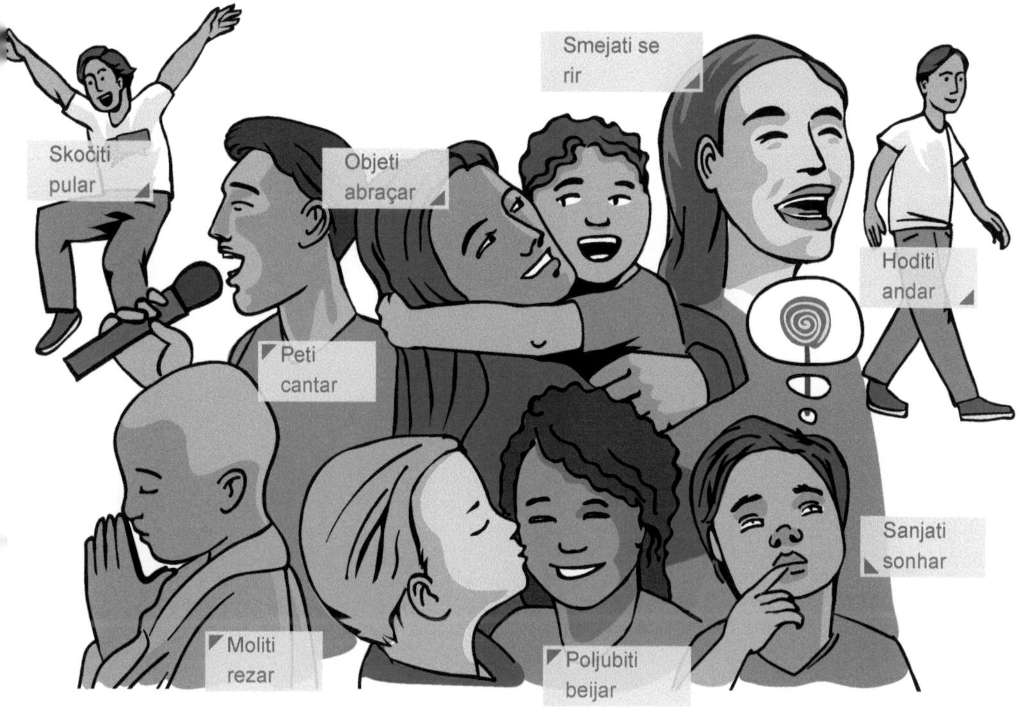
Smejati se
rir
Skočiti
pular
Objeti
abraçar
Hoditi
andar
Peti
cantar
Sanjati
sonhar
Moliti
rezar
Poljubiti
beijar

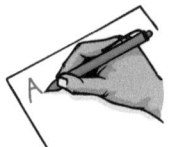

Pisati

escrever

Risati

desenhar

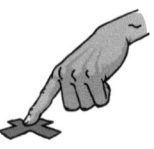

Pokazati

mostrar

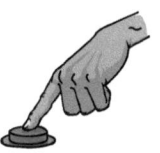

Potisniti

empurrar

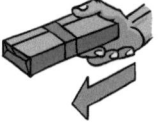

Dati

dar

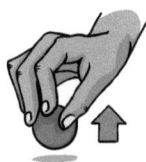

Vzeti

tomar

Imeti

ter

Narediti

fazer

Biti

ser

Stati

ficar de pé

Teči

correr

Vleči

puxar

Vreči

jogar

Pasti

cair

Ležati

deitar

Čakati

esperar

Nositi

carregar

Sedeti

sentar

Obleči se

vestir

Spati

dormir

Zbuditi se

despertar

Dejavnosti - atividades

Gledati

olhar para

Jokati

chorar

Božati

acariciar

Česati se

pentear

Govoriti

falar

Razumeti

entender

Vprašati

perguntar

Poslušati

ouvir

Piti

beber

Jesti

comer

Pospraviti

arrumar

Ljubiti

amar

Kuhati

cozinhar

Voziti

dirigir

Leteti

voar

**Jadrati**

velejar

**Računanje**

calcular

**Brati**

ler

**Učiti se**

aprender

**Delati**

trabalhar

**Poročiti se**

casar

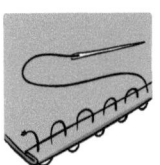

**Šivati**

costurar

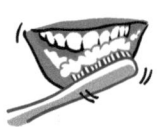

**Ščetkati si zobe**

escovar os dentes

**Ubiti**

matar

**Kaditi**

fumar

**Poslati**

enviar

# Družina
# família

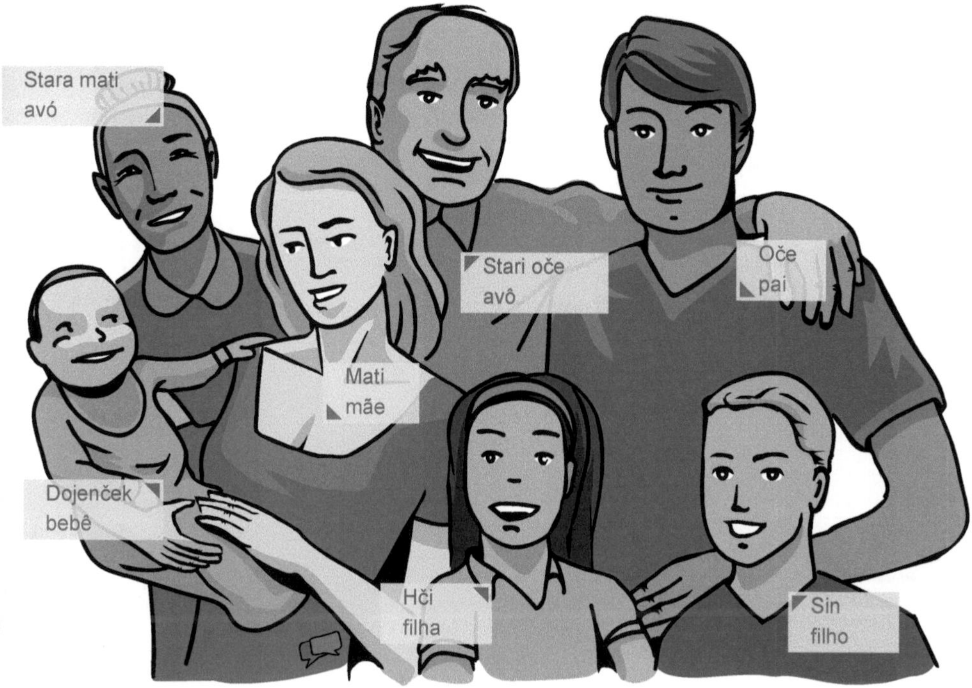

Stara mati
avó
Stari oče
avô
Oče
pai
Mati
mãe
Dojenček
bebê
Hči
filha
Sin
filho


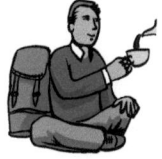

Gost
convidado

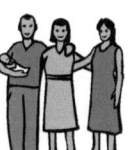

Teta
tia

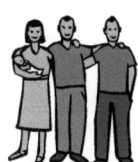

Stric
tio

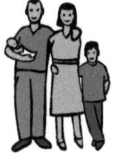

Brat
irmão

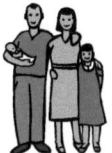

Sestra
irmã

# Telo

## corpo

Čelo
testa
Oko
olho
Rama
ombro
Prst
dedo
Obraz
rosto
Brada
queixo
Dlan
mão
Noga
perna
Prsi
peito
Roka
braço

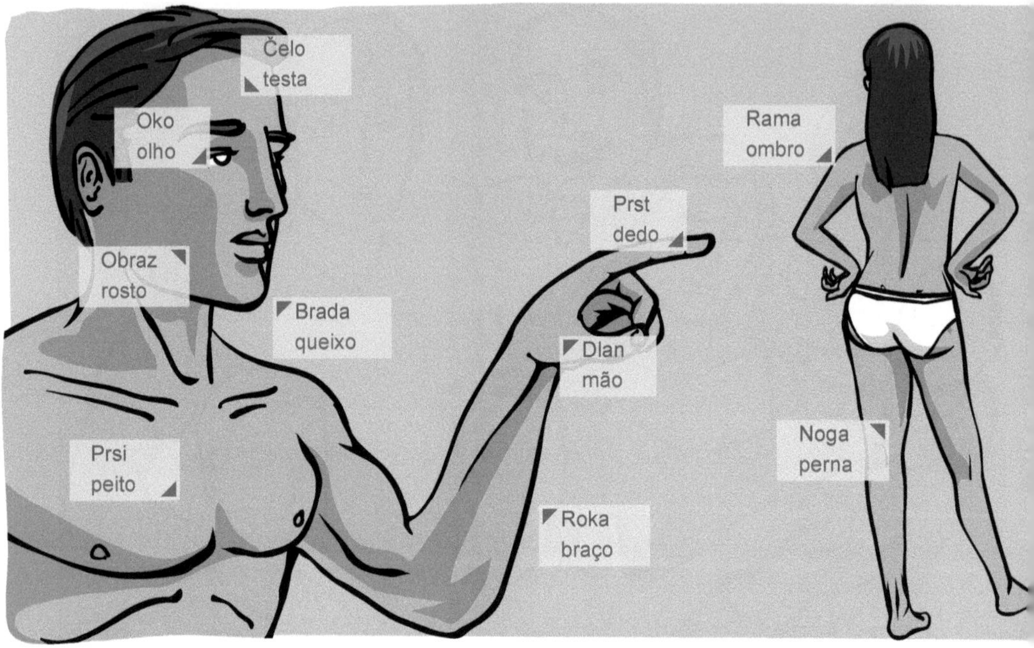

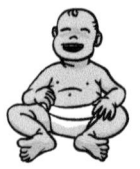

Dojenček

bebê

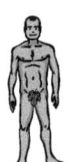

Človek

homem

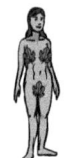

Ženska

mulher

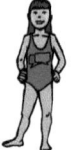

Dekle

menina

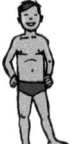

Fant

menino

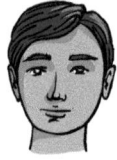

Glava

cabeça

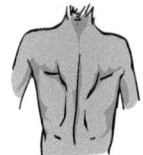

**Hrbet**

costas

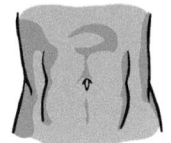

**Trebuh**

barriga

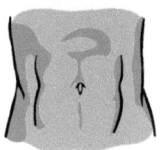

**Popek**

umbigo

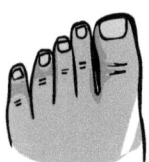

**Prst na nogi**

dedo do pé

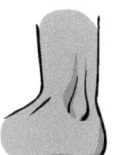

**Peta**

calcanhar

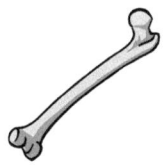

**Kost**

osso

**Kolk**

anca

**Koleno**

joelho

**Komolec**

cotovelo

**Nos**

nariz

**Zadnjica**

nádegas

**Koža**

pele

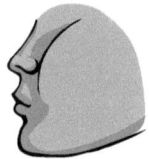

**Lice**

bochecha

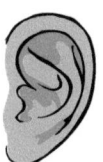

**Uho**

orelha

**Ustnica**

lábio

Usta

boca

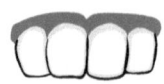

Zob

dente

Jezik

língua

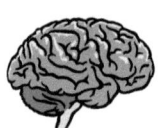

Možgani

cérebro

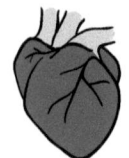

Srce

coração

Mišica

músculo

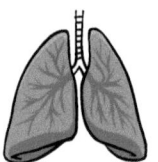

Pljuča

pulmão

Jetra

fígado

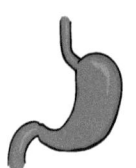

Želodec

estômago

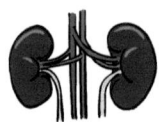

Ledvice

rins

Spolni odnos

relações sexuais

Kondom

preservativo

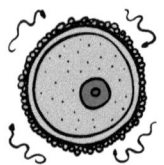

Jajčece

óvulo

Semenska tekočina

esperma

Nosečnost

gravidez

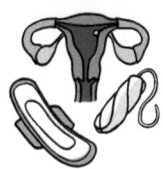

Menstruacija

menstruação

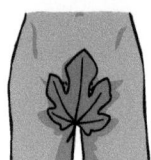

Vagina

vagina

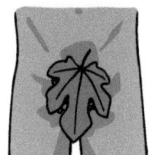

Penis

pênis

Obrv

sobrancelha

Lasje

cabelo

Vrat

pescoço

# Bolnišnica
# hospital

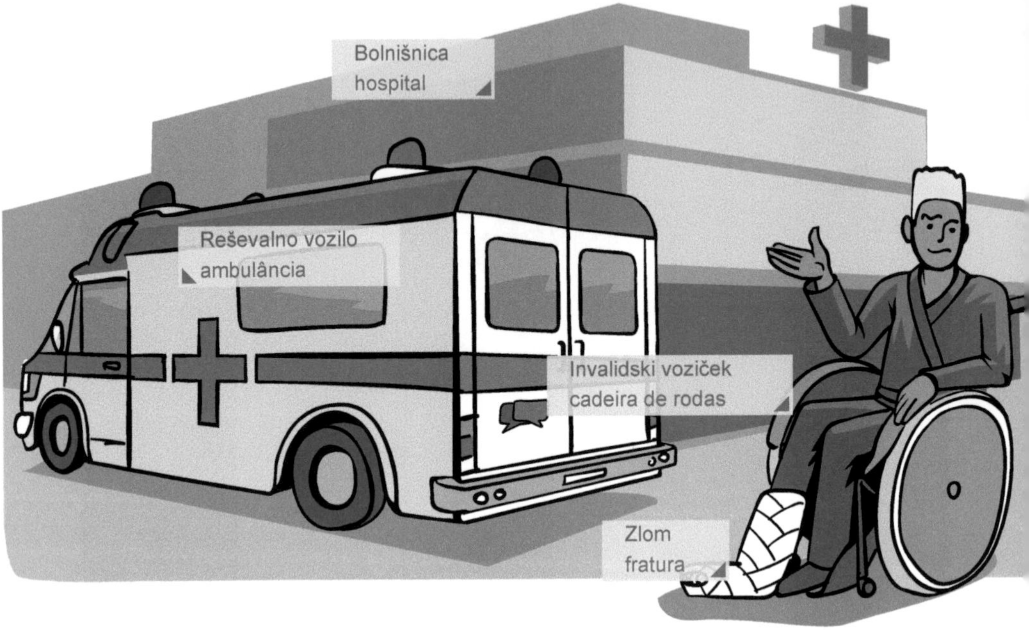

Bolnišnica
hospital
Reševalno vozilo
ambulância
Invalidski voziček
cadeira de rodas
Zlom
fratura


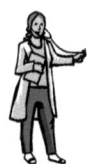

Zdravnik
.................
médico

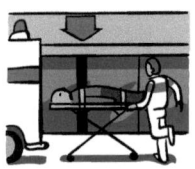

Urgenca
.................
pronto-socorro

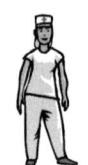

Medicinska sestra
.................
enfermeira

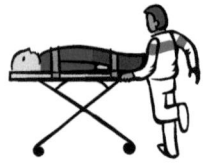

Nujni primer
.................
emergência

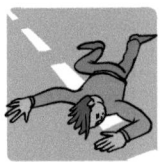

Nezavesten
.................
inconsciente

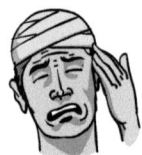

Bolečina
.................
dor

**Poškodba**

ferimento

**Krvavenje**

hemorragia

**Srčni infarkt**

ataque cardíaco

**Kap**

acidente vacular cerebral

**Alergija**

alergia

**Kašelj**

tosse

**Vročina**

febre

**Gripa**

gripe

**Driska**

diarreia

**Glavobol**

dor de cabeça

**Rak**

câncer

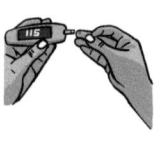

**Sladkorna bolezen**

diabetes

**Kirurg**

cirurgião

**Skalpel**

bisturi

**Operacija**

operação

CT
CT

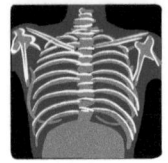

Rentgen
raio x

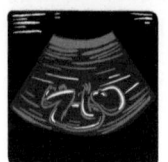

Ultrazvok
ultrassom

Obrazna maska
máscara

Bolezen
doença

Čakalnica
sala de espera

Bergla
muleta

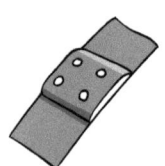

Obliž
bandeide

Preveza
ligadura

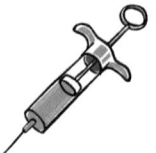

Injekcija
injeção

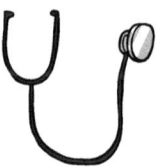

Stetoskop
estetoscópio

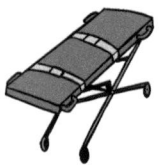

Nosila
maca

Klinični termometer
termômetro

Porod
nascimento

Prekomerna teža
excesso de peso

Slušni pripomoček

aparelho auditivo

Razkužilo

desinfetante

Okužba

infecção

Virus

vírus

HIV / AIDS

HIV / AIDS

Medicina

medicamento

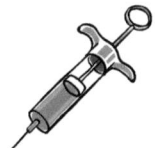

Cepljenje

vacinação

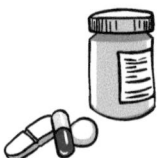

Tablete

comprimidos

Tableta

pílula

Klic v sili

chamada de emergência

Merilnik krvnega tlaka

dispositivo de medição de
pressão arterial

bolano / zdravo

doente / saudável

Na pomoč!

Socorro!

Alarm

alarme

Napad

assalto

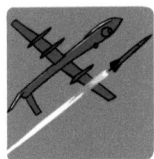

Napad

ataque

Nevarnost

perigo

Izhod v sili

saída de emergência

Gori!

Fogo!

Gasilni aparat

extintor de incêndios

Nezgoda

acidente

Komplet za prvo pomoč

maleta de primeiros
socorros

SOS

SOS

Policija

polícia

Evropa

Europa

Severna Amerika

América do Norte

Južna Amerika

América do Sul

Afrika

África

Azija

Ásia

Avstralija

Austrália

Atlantski ocean

Atlântico

Tihi ocean

Pacífico

Indijski ocean

Oceano Índico

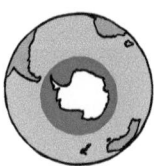

Južni ocean

Oceano Antártico

Arktični ocean

Oceano Ártico

Severni tečaj

Polo Norte

Južni tečaj

Polo Sul

Antarktika

Antártica

Zemlja

Terra

Kopno

terra

Morje

mar

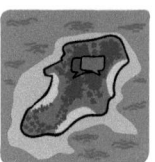

Otok

ilha

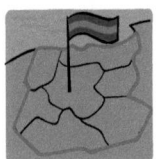

Narod

nação

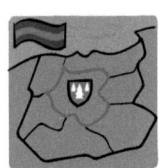

Država

estado

Številčnica

mostrador do relógio

Urni kazalec

ponteiro das horas

Minutni kazalec

ponteiro dos minutos

Sekundni kazalec

ponteiro dos segundos

Koliko je ura?

Que horas são?

Dan

dia

Čas

tempo

Zdaj

agora

Digitalna ura

relógio digital

Minuta

minuto

Ura

hora

# Teden

## semana

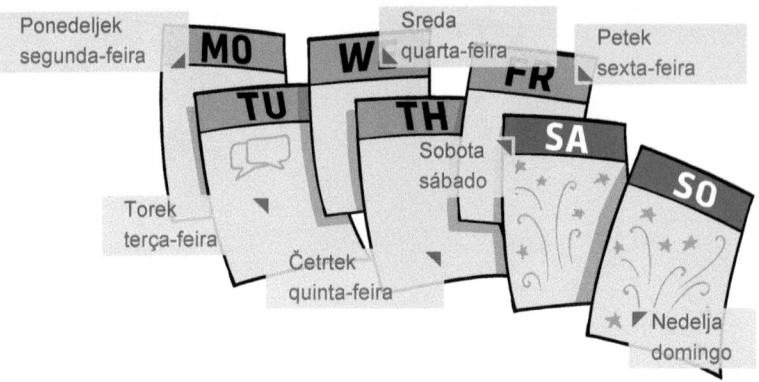

Ponedeljek
segunda-feira

Sreda
quarta-feira

Petek
sexta-feira

Torek
terça-feira

Četrtek
quinta-feira

Sobota
sábado

Nedelja
domingo

Včeraj

ontem

Danes

hoje

Jutri

amanhã

Jutro

manhã

Poldne

meio-dia

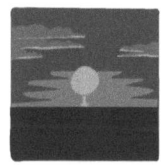

Večer

entardecer

Delovni dnevi

dias úteis

Konec tedna

fim de semana

# Leto
# ano

Dež
chuva
Mavrica
arco-íris
Veter
vento
Sneg
neve
Pomlad
primavera
Jesen
outono
Poletje
verão
Zima
inverno


4.APRIL 11°
5.APRIL 4°
6.APRIL 13°
7.APRIL 8°
8.APRIL 10°


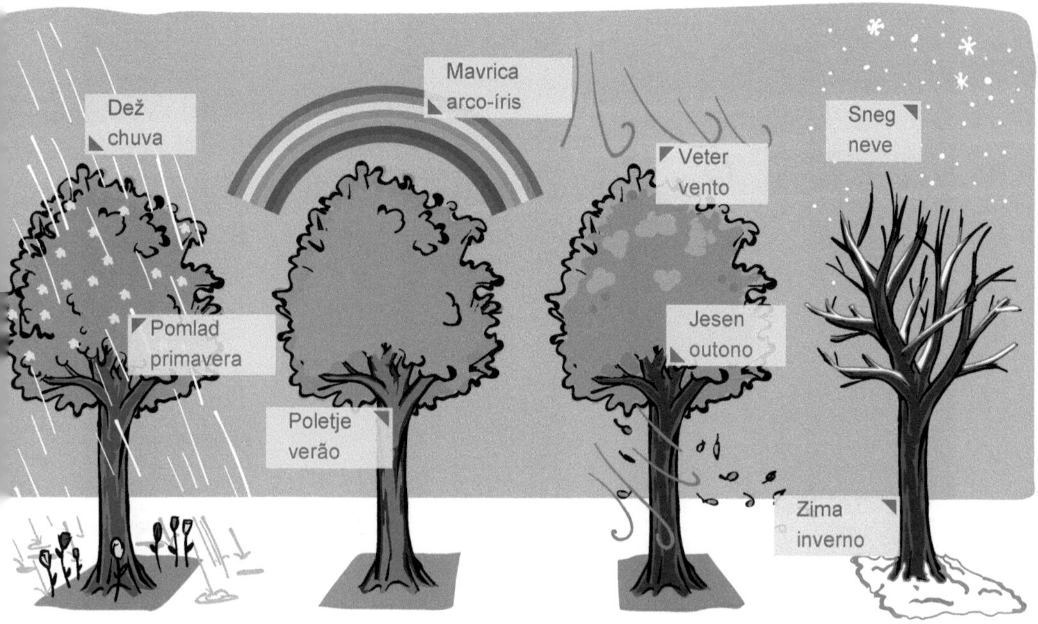

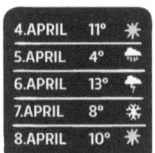

Vremenska napoved
previsão do tempo

F C
120 40
90 30
60 20
30 10
0 0
-30 -10
-20


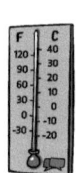

Termometer
termômetro

Sončna svetloba
raio de sol

Oblak
nuvem

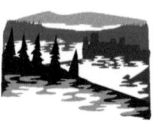

Megla
neblina / nevoeiro

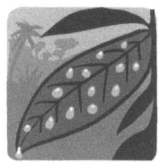

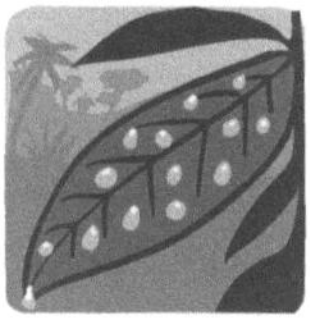

Vlažnost
umidade do ar

Strela
..................
relâmpago

Grom
..................
trovão

Nevihta
..................
tempestade

Toča
..................
granizo

Monsun
..................
monção

Poplava
..................
inundação

Led
..................
gelo

Januar
..................
janeiro

Februar
..................
fevereiro

Marec
..................
março

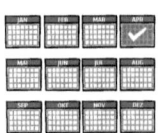

April
..................
abril

Maj
..................
maio

Junij
..................
junho

Julij
..................
julho

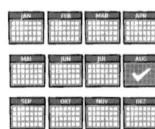

Avgust
..................
agosto

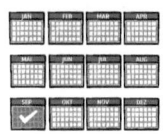

September
...............
setembro

Oktober
...............
outubro

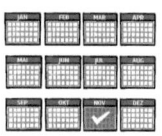

November
...............
novembro

December
...............
dezembro

## formas

Krogla
...............
círculo

Kvadrat
...............
quadrado

Pravokotnik
...............
retângulo

Trikotnik
...............
triângulo

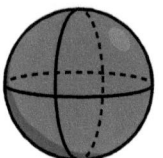

Krogla
...............
esfera

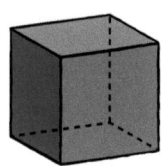

Kocka
...............
cubo

Bela

branco

Rumena

amarelo

Oranžna

laranja

Rožnata

rosa

Rdeča

vermelho

Vijolična

lilás

Modra

azul

Zelena

verde

Rjava

marrom

Siva

cinza

Črna

preto

veliko / malo

muito / pouco

jezno / umirjeno

furioso / tranquilo

lepo / grdo

lindo / feio

začetek / konec

começo / fim

veliko / majhno

grande / pequeno

svetlo / temno

claro / escuro

brat / sestra

irmão / irmã

čisto / umazano

limpo / sujo

popolno / nepopolno

completo / incompleto

dan / noč

dia / noite

mrtvo / živo

morto / vivo

široko / ozko

largo / estreito

užitno / neužitno

comestível / não comestível

zlobno / prijazno

mau / gentil

vznemirjeno / zdolgočaseno

entusiasmado / entediado

debelo / vitko

gordo / magro

prvo / zadnje

primeiro / último

prijatelj / sovražnik

amigo / inimigo

polno / prazno

cheio / vazio

trdo / mehko

duro / macio

težko / lahko

pesado / leve

lakota / žeja

fome / sede

bolano / zdravo

doente / saudável

nezakonito / zakonito

ilegal / legal

pametno / neumno

inteligente / idiota

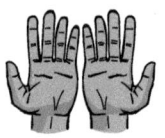

levo / desno

esquerda / direita

blizu / daleč

perto / longe

novo / rabljeno

novo / usado

nič / nekaj

nada / alguma coisa

staro / mlado

velho / jovem

vklopljeno / izklopljeno

ligado / desligado

odprto / zaprto

aberto / fechado

tiho / glasno

baixo / alto

bogato / revno

rico / pobre

prav / narobe

certo / errado

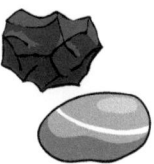

grobo / gladko

áspero / liso

žalostno / veselo

triste / feliz

kratko / dolgo

curto / longo

počasi / hitro

lento / rápido

mokro / suho

molhado / seco

toplo / hladno

ameno / fresco

vojna / mir

guerra / paz

| **0** | **1** | **2** |
|---|---|---|
| Ničla | Ena | Dva |
| zero | um | dois |

| **3** | **4** | **5** |
|---|---|---|
| Tri | Štiri | Pet |
| três | quatro | cinco |

| **6** | **7** | **8** |
|---|---|---|
| Šest | Sedem | Osem |
| seis | sete | oito |

| **9** | **10** | **11** |
|---|---|---|
| Devet | Deset | Enajst |
| nove | dez | onze |

## 12
Dvanajst

doze

## 13
Trinajst

treze

## 14
Štirinajst

quatorze

## 15
Petnajst

quinze

## 16
Šestnajst

dezesseis

## 17
Sedemnajst

dezessete

## 18
Osemnajst

dezoito

## 19
Devetnajst

dezenove

## 20
Dvajset

vinte

## 100
Sto

cem

## 1.000
Tisoč

mil

## 1.000.000
Milijon

milhão

Angleščina

inglês

Ameriška angleščina

inglês americano

Mandarinščina

chinês mandarim

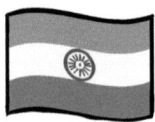

Hindujščina

hindi

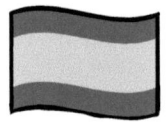

Španščina

espanhol

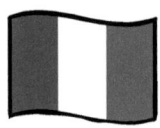

Francoščina

francês

Arabščina

árabe

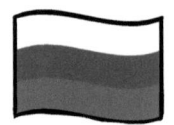

Ruščina

russo

Portugalščina

português

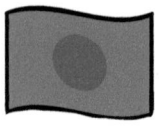

Bengalščina

bengalês

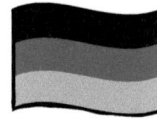

Nemščina

alemão

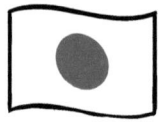

Japonščina

japonês

Jaz

eu

Ti

você

On / ona / tisto

ele / ela

Mi

nós

Vi

vocês

Oni

eles / elas

Kdo?

quem?

Kaj?

O quê?

Kako?

como?

Kje?

onde?

Kdaj?

Quando?

Ime

nome

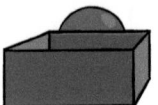

Zadaj

atrás

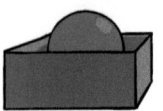

V

em

Pred

na frente de

Nad

sobre

Na

em cima

Pod

debaixo

Poleg

do lado

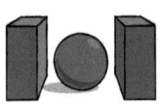

Med

entre

Kraj

lugar